Tierisch Geld verschenken

Armin Täubner

Fensterbilder aus Tonkarton

frechverlag

Im frechverlag sind zahlreiche andere Titel des Autors Armin Täubner erschienen:

TOPP 1502

TOPP 1848

TOPP 2276

TOPP 2371

TOPP 2304

Fotos: frechverlag GmbH + Co. Druck KG, 70499 Stuttgart; Fotostudio Täubner

Dieses Buch enthält: 1 Vorlagenbogen

Auflage: 10. 9. 8. 7. 6. | Letzte Zahlen
Jahr: 2002 2001 2000 1999 98 | maßgebend

frechverlag GmbH + Co. Druck KG, 70499 Stuttgart
ISBN 3-7724-1810-4 · Best.-Nr. 1810
Druck: frechverlag GmbH + Co. Druck KG, 70499 Stuttgart

Die Geburt eines Kindes, der Besuch bei Verwandten, das Dankeschön beim Babysitter, ... die Anlässe sind vielfältig, und die Geschenkideen sind rar!

Und, um ehrlich zu sein: Wissen Sie wirklich, ob das Parfüm, das Sie als Geschenk ausgewählt haben, der Nichte auch gefällt? Oder hat das Geburtstagskind vielleicht den neuen Bildband schon? Und paßt die grüne Vase auch wirklich zur Wohnungseinrichtung des jungen Paares ...? Die Gefahr ist einfach groß, mit einem liebevoll ausgewählten Geschenk ganz falsch zu liegen!
Und selbst wenn die geniale Geschenkidee geboren ist, beim Blick auf die Preisschilder kommen doch die ersten Zweifel – diese Summe war eigentlich nicht eingeplant!

Spätestens dann liegen Geldgeschenke nahe:
Wer sich sein Geschenk selbst kaufen kann, liegt niemals falsch, und mehrere kleine Summen machen sogar die Luxusausführung möglich, die ganz sicher nicht auf dem Geburtstagstisch gelandet wäre!

Nur, einen kleinen Haken hat die Sache:
Geldgeschenken haftet noch immer der Geruch von Phantasie- und Lieblosigkeit an, der Griff in den Geldbeutel wirkt unpersönlich – da macht es sich jemand sehr einfach!

Meinen Sie das auch? Na, dann schmökern Sie doch einmal in diesem Buch: Geschenkideen in Verbindung mit fröhlichen Fensterbildern, das Dankeschön fürs Gassigehen, der Zuschuß für den Urlaub, für den neuen Teppich oder für die erste Babyausstattung, zu jedem Anlaß finden Sie ganz persönliche Motive, die nach dem Entfernen der Münzen und Scheine als bunte Dekoration für Fenster und Wand zurückbleiben!

Wer zu Papier und Schere greift und mit Liebe diese Fensterbilder bastelt, will nur eines: Tierisch Geld verschenken!

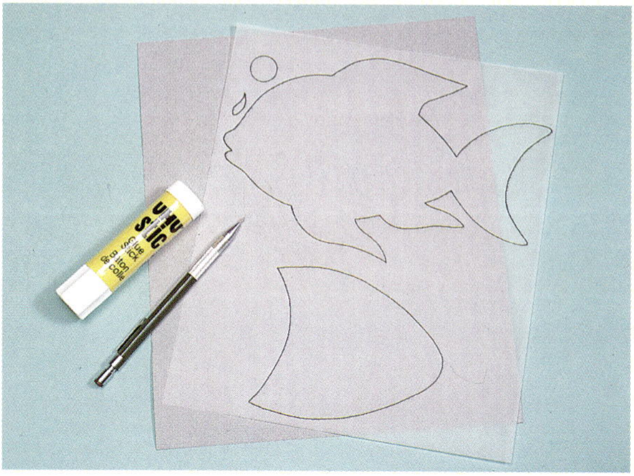

Und so wird's gemacht:

1 Sämtliche Teile des ausgewählten Motivs werden nebeneinander und ohne Überschneidungen mit Bleistift auf Butterbrotpapier abgepaust. Anschließend kleben Sie das Butterbrotpapier auf dünnen Karton.

2 Die Teile werden mit einer Schere und/oder einem Cutter exakt ausgeschnitten.
Wenn Sie mit dem Cutter arbeiten, benötigen Sie eine Schneideunterlage.

3 Legen Sie diese Schablonen auf den Tonkarton der entsprechenden Farbe, und zeichnen Sie dann die Konturen mit Bleistift sorgfältig nach.

4 Die Teile werden in der benötigten Anzahl ausgeschnitten.
Beim Zusammenkleben und Bemalen der Teile geben Ihnen die Vorlage und das Foto gute Positionierungshilfen.

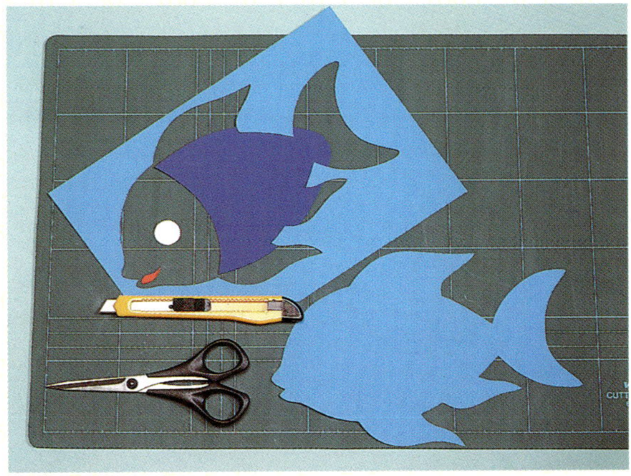

5 Für die Augen empfiehlt sich eine Kreisschablone; arbeiten Sie mit einem dünnen Filzstift oder einem Tuschefüller.
Manche Motive dieses Buches sind auch mit Pluster-Pen verziert: Malen und dann schräg von der Seite fönen, so wird's phantastisch plastisch!

Die Gestaltung von Vorder- und Rückseite des Fensterbildes

Im Buch ist stets beschrieben, wie die Vorderseite des Fensterbildes gearbeitet wird. Bei frei hängenden Motiven müssen Sie die meisten Teile doppelt ausschneiden und in derselben Reihenfolge wie auf der Vorderseite, jedoch spiegelverkehrt, aufkleben.

Silber-schuppen

Das dunkelblaue Rumpfteil wird auf den hellblauen Fischkörper geklebt, dann ergänzen Sie das Auge und den Mund.

Für das Nasenloch brauchen Sie einen feinen schwarzen Filzstift.

Wenn die Münzen später vorsichtig abgelöst werden, können hellblaue Tonkartonscheiben angebracht werden.

Wußten Sie, daß ...

... Münzen früher nicht nur Zahlungsmittel waren, sondern neben ihrem Nennwert auch noch einen eigenen Wert hatten, da sie aus Gold hergestellt wurden?

Übrigens:

Wer heute nur mit Markstücken eine Rechnung über 20 DM zahlen möchte, kann abblitzen – niemand ist verpflichtet, diesen Berg an Silbermünzen anzunehmen!

Schlitten-post

Auf das blaue Himmelteil kleben Sie die Schneefläche und darauf den Schlitten. Das Gestell, das auf dem Schlitten liegt, wird als ein Teil hergestellt; klappen Sie den Tonkarton an den gepunktet eingezeichneten Linien um, und kleben Sie das Gestell zusammen.
Am weißen Pinguinkörper wird das schwarze Kopf-Rücken-Teil befestigt. Den Schnabel und den Fuß mit Filzstift orange anmalen. Nun malen Sie das Gesicht auf und bringen den zweiteiligen Schal und die Mütze an. Vergessen Sie den Flügel nicht!
Der Herr im schwarzen Frack und das gelbe Gestell werden auf dem Schlitten fixiert.
Übrigens: Anstelle eines Geldscheines kann die geplusterte Schlittenpost auch Briefmarken bringen!

Eine wertvolle Last

Die mit gepunkteten Linien abgetrennten Bereiche am Eselskörper (Mähne, Hufe, Schwanzquaste) werden schwarz angemalt.
Als nächstes legen Sie dem kleinen grauen Gesellen das Zaumzeug an.
Das Gesicht und die Trennlinien zwischen den Hinter- bzw. Vorderbeinen werden aufgemalt.
Bei der gelben Rückentasche klappen Sie die Seitenstreifen, die mit gestrichelten Linien eingezeichnet sind, nach hinten um.
Diese Seitenstreifen werden anschließend auf das rote Unterteil (Strich-Punkt-Linie) aufgeklebt – so entsteht eine Tasche mit genügend Platz für eine wertvolle Last!
Bevor Sie das Grautier auf die Bodenfläche stellen, müssen Sie noch die Grasbüschel anbringen.
Und wie wär's mit Pluster-Verzierungen?

Für meinen Froschkönig

Der Brunnen wird mit den weißen Steinen beklebt, dann bringen Sie von hinten den Rumpf des Frosches an. Von vorne werden der fertige Kopf mit der Krone und die Vorderfüße ergänzt. Den Brunnen und die Pumpe kleben Sie von hinten an die Grasfläche – erst danach ist der dunkelgrüne Busch an der Reihe! Jetzt fehlen noch der Eimer, die Pluster-Verzierungen und die Münze, die später durch eine gelbe Kartonscheibe ersetzt werden kann.

Wußten Sie, daß ...

... Münzen Kulturdokumente sind, die Historikern wichtige Hinweise über Ereignisse, Personen und Staatsordnungen der jeweiligen Länder geben?
Für die Archäologie haben Münzen manch wichtige Informationen über versunkene Kulturen bewahrt.

DOLLARS

Danke fürs Gassi-gehen!

Die schwarze Nase klebt auf dem Schnauzenteil, das mit einem Klebepunkt in Nasenhöhe am bemalten Kopf fixiert wird – hier schieben Sie später den Geldschein oder den Knochen und die Zunge darunter!

Die beiden Rumpfteile (durchgezogene und gestrichelte Linie) werden aufeinandergeklebt, erst jetzt können Sie den fertigen Kopf ergänzen!

Die Blüten auf der Wiese sollten am besten mit einer Zackenschere ausgeschnitten werden.

Wußten Sie, daß ...

... auf dem 20-Mark-Schein der Bundesrepublik Deutschland die Dichterin Annette von Droste-Hülshoff abgebildet ist?
Sie lebte von 1797 bis 1848 und wurde zeit ihres Lebens als Dichterin mißverstanden und kritisiert; erst lange nach ihrem Tod wurde die Bedeutung dieser begabten Frau erkannt.

Silberpanzer

Am Schildkrötenpanzer von hinten zuerst die beiden Beine, dann das Kopf-Schwanz-Teil anbringen.

Bei der Maus ergänzen Sie das Ohr – dann bekommen beide ihre aufgemalten Gesichter und die Innenlinien.

Bevor Sie die Schildkröte mitsamt Maus und Silberstücken auf der Grasfläche fixieren, müssen Sie einige Blüten ankleben; die anderen werden ganz zum Schluß ergänzt.

Wußten Sie, daß ...

... Menschen, die Münzen sammeln, Numismatiker genannt werden? Für besonders seltene und schöne Stücke sind sie bereit, ein Vielfaches des Nennwertes zu zahlen.

1
DEUTSCHE
MARK

Bärige Gratulation

Das Gesicht und die Innenlinien werden aufgemalt.

Am Bärenkörper bringen Sie die Ohren und die Gliedmaßen in der gewünschten Position an .

Und was hat der bärige Gratulant mitgebracht? Einen Geldschein, eine Telefonkarte oder ein Päckchen?

Wußten Sie, daß ...

... auf dem 20-Mark-Schein der Bundesrepublik Deutschland links neben Annette von Droste-Hülshoff Gebäude der Stadt Meersburg abgebildet sind?
Dort lebte die Dichterin lange Jahre und vollendete in der Stadt am Bodensee auch ihre Novelle „Die Judenbuche“, eine der ersten deutschen Kriminalgeschichten.

20
ZWANZIG
E MARK

Für die neue Wohnungseinrichtung

Wußten Sie, daß ...

... auf dem 20-Mark-Schein der Bundesrepublik Deutschland ein Lorbeerzweig abgebildet ist? Er symbolisiert die Wertschätzung der Dichtkunst, die Annette von Droste-Hülshoff ihr ganzes Leben lang versagt geblieben ist.

Die beiden identischen Palmenkronen kleben Sie zuerst auf die Stämme, die auf der Sandfläche fixiert werden.

Das orangefarbene Traggestell wird an den gestrichelten Linien nach hinten umgeklappt und am Kamelrumpf angebracht.

Die Hufe und das Gesicht des Lastenträgers werden an- bzw. aufgemalt.

Wenn der Geldschein entnommen wurde, können Sie einen bemalten Tonkarton-Teppich in das Gestell schieben; die Vorlage finden Sie auf dem Vorlagenbogen.

20

Zur Geburt

Der Storch bekommt zuerst seinen roten Schnabel und das Auge.
Für das Loch, das im vorderen Schnabelbereich entstehen soll, benützen Sie am besten eine Lochzange.
Bringen Sie die beiden Beine und die Flügel an, aber Achtung: Damit später noch der Geldschein bzw. der Korb mit dem Baby dahintergeschoben werden kann, dürfen Sie die Flügel vorerst nur im Schulterbereich fixieren.
Den Geldschein zusammenfalten und an beiden Enden jeweils mit einem dünnen Kartonstreifen umschlingen. Anschließend klemmen Sie den Geldschein zwischen Flügel und Rumpf.
Ein 13 cm langer, dünner Kartonstreifen wird in der Mitte geknickt und durch die Öffnung im Schnabel gesteckt. Die Enden des Kartonstreifens können Sie in eine Falte des Geldscheins einschieben.
Wird der Geldschein entfernt, paßt stattdessen der Babykorb in die Obhut des Storches.

Wußten Sie, daß ...

... auf dem 100-Mark-Schein der Bundesrepublik Deutschland die Pianistin Clara Schumann abgebildet ist?
Sie lebte von 1819 bis 1896 und war mit dem berühmten Komponisten Robert Schumann verheiratet; nach dessen Tod ermöglichte es ihr virtuoses Talent, die sieben Kinder alleine zu ernähren.

100
HUNDERT

Geld-Gewichte

Der Orang-Utan bekommt zuerst die beiden Gesichtsteile; dann malen Sie das Gesicht auf.

Die Hände und die Füße werden von hinten am Körper befestigt – die separat gearbeiteten Fingerteile (punktierte Linie) ergänzen Sie allerdings erst, wenn die Stange fixiert wurde.

Falls die Münzen später durch schwarze Kartonscheiben ersetzt werden sollen, bringen Sie sie mit doppelseitigem Klebeband an, das sich leicht lösen läßt.

Wußten Sie, daß ...

... Münzen vor allem zum „Zerkleinern" der Banknoten verwendet werden? Fachleute sprechen deshalb auch von „Scheidemünzen".

Daß Kleingeld aber auch große Summen bedeuten kann, zeigt folgende Zahl: Ende 1992 war Hartgeld im Wert von 14 Milliarden DM im Umlauf!

Für mein Schmusekätzchen

Das Katzengesicht malen Sie auf und befestigen dann den Rumpf von hinten an der Grünfläche, die Sie mit Blüten verzieren.

Den Geldschein ziehharmonikaartig falten und in der Mitte mit einem 0,5 cm breiten und 4 cm langen Kartonstreifen zusammenfassen. Falten Sie den Geldschein etwas auseinander, so daß eine „Fliege" entsteht.

Die Enden des Kartonstreifens durch die rechteckige Öffnung am Katzenhals ziehen, anschließend spreizen und auf der Rückseite ankleben. Später kann die Öffnung durch eine pinkfarbene Kartonschleife verdeckt werden.

Wußten Sie, daß ...

... Clara Schumann, die auf dem 100-Mark-Schein der Bundesrepublik Deutschland abgebildet ist, bereits mit neun Jahren ihr erstes Konzert in Leipzig gab?
Auf dem Höhepunkt ihrer Karriere trug sie neben Stücken von Chopin, Beethoven und Mendelssohn Bartholdy vor allem auch Werke ihres Mannes Robert Schumann vor.

100

Letzte Reserve

Das weiße Brustteil und das Ohrteil werden auf den Eichhörnchenkörper geklebt. Anschließend malen Sie das Gesicht auf.

Die Vorderbeine so anbringen, daß später die Münze bzw. die Eichel dazwischengeschoben werden kann.

Wenn Sie die Münze mit doppelseitigem Klebeband fixieren, sollten Sie zu Ihrem Geschenk eventuell noch „Ersatz-Vorderbeine" dazulegen, falls die Pfoten beim Ablösen beschädigt werden.

Wußten Sie, daß ...

... das Hartgeld der Bundesrepublik Deutschland, also die Münzen, in verschiedenen Münzstätten geprägt wird?

Die kleinen Buchstaben auf den Münzen verraten den „Geburtsort", zum Beispiel München (D), Stuttgart (F), Karlsruhe (G), Hamburg (J) oder Berlin (A).

BUNDESREPUBLIK DEUTSCHLA
10
DEUTSCHE MARK

Für den geplanten Urlaub

Den weißen Bauchbeutel sollten Sie nur an den Rändern am Känguruhkörper ankleben, damit später der Geldschein bzw. das Känguruhbaby hineingesteckt werden kann.

Dann bringen Sie das Vorderbein und die Hinterbeine sowie die Ohren der Mama an.

Das Gesicht wird aufgemalt.

Wußten Sie, daß ...

... auf dem 50-Mark-Schein der Bundesrepublik Deutschland der Baumeister Balthasar Neumann abgebildet ist?
Er lebte von 1687 bis 1753 und konnte rund 100 Schlösser, Kirchen und Klöster, aber auch Brücken und Festungen zu seinen Werken zählen.

50
FÜNFZIG DEUTSCHE

Fürs Sparbuch

Den Schnabel befestigen Sie beidseitig am Kopf, so daß zwischen die beiden unteren Schnabelhälften der gefaltete Geldschein oder der Fisch hineingeschoben werden kann.

Die Füße als ein Teil ausschneiden und beidseitig am Rumpf fixieren.

Mit einem Klebepunkt bringen Sie den Flügel an.

Eine Variante: Der Geldschein kann auch hinter den Flügel und der Fisch in den Schnabel gesteckt werden.

Wußten Sie, daß ...

... auf dem 10-Mark-Schein der Bundesrepublik Deutschland der Mathematiker Carl Friedrich Gauß abgebildet ist?
Er lebte von 1777 bis 1855 und erwarb als Mathematiker, Astronom, Landvermesser und Physiker große Verdienste, die heute noch in rund 50 mathematischen Gesetzen, Lehrsätzen, Formeln und Methoden ihren Platz in der Naturwissenschaft haben.

10
ZEHN DEUTSCHE MARK

Wertvolle Luftpost

Am Vogelkörper bringen Sie den Schnabel, das Auge und den Schal an – hier sind Pluster-Verzierungen gefragt!

Und dann braucht der luftige Postbote noch ein Scheinchen …

TOPP 1810

DM	11,80
ÖS	86,—
SFr	11,80

9 783772 418105

Diese Kombination ist absolute Spitze: Tierisch gute Fensterbilder als pfiffige Verpackungsideen für Geldgeschenke! Der Storch bringt einen Zuschuß für die erste Babyausstattung, der kleine Hund apportiert das Dankeschön fürs Gassigehen, aus dem Känguruhbauch schaut die Finanzspritze für den geplanten Urlaub heraus, der Rabe flattert mit dem nächsten Geldgeschenk durch die Lüfte – und wenn die Münzen und die Geldscheine im Geldbeutel gelandet sind, dann bleibt ein fröhlich-buntes Fensterbild zurück!

ISBN 3-7724-1810-4

1810

CHRISTOPHORUS

5574

CREATIV COMPACT

Erika Bock

Fröhliche Löffel-Figuren

Mit Vorlagen

Die Reihe Creativ Compact führt das Erfolgskonzept der Christophorus-Brunnen-Reihe mit Inspirationen und Ideen für kreatives und künstlerisches Gestalten fort.

Creativ Compact

- *die aktuellsten und schönsten Themen*
- *die besten Autorinnen und Autoren*
- *klare, einfache und überprüfte Anleitungen*
- *detaillierte Fotografie*
- *hochwertige Gestaltungsideen*
- *32 Seiten zum supergünstigen Preis*

Auch dieser Band der Reihe Creativ Compact ist wie jedes Christophorus-Buch mit viel Sorgfalt erarbeitet. Damit Sie viel Spaß und Erfolg beim Gestalten haben und Freude an unverwechselbaren Ergebnissen.